DISCOURS

PRONONCÉ

AU CONGRÈS HISTORIQUE EUROPÉEN,

TENU A L'HÔTEL-DE-VILLE DE PARIS,

A la séance du 15 décembre 1835.

SUR CETTE QUESTION :

DÉTERMINER LE CARACTÈRE DE LA LANGUE FRANÇAISE AU XIIe ET AU XIIIe SIÈCLE.

DISCOURS

PRONONCÉ

AU CONGRÈS HISTORIQUE EUROPÉEN,

TENU A L'HÔTEL-DE-VILLE DE PARIS,

A la séance du 15 décembre 1835.

SUR CETTE QUESTION :

DÉTERMINER LE CARACTÈRE DE LA LANGUE FRANÇAISE AU XIIe ET AU XIIIe SIÈCLE.

PAR M. L'ABBÉ LABOUDERIE,

Membre de l'Institut Historique.

Messieurs,

Lorsque les Romains s'emparèrent des Gaules, ils y trouvèrent plusieurs langues, connues sous le nom de *langues celtiques, langues des Gaules.* Si on me demande la raison de mon assertion, je répondrai franchement qu'il n'y a pas de langue sans dialecte. Depuis le sanscrit, le chinois, l'hébreu, le caldéen, l'arabe, le grec, etc., toute langue a ses nuances et ses variétés assorties au moral et au physique du peuple qui la parle, soit dans les montagnes, soit dans les vallons, soit dans les plaines.

Ils y répandirent la leur qui, nécessairement aussi, avait ses nuances, puisqu'on a fait mention de la *patavinité* de Tite-Live, et de l'étrangeté de tout ce qui n'était pas urbain, suivant Cicéron, *in nostris est quidam urbanorum sonus.* Mais ils ne supprimèrent pas tellement le celtique qu'il n'en restât des vestiges assez considérables. Sidoine Appollinaire appelle ces restes *celtici ser-*

monis squama. La langue dominante des Romains et la langue des Celtes, qui probablement avaient vaincu une langue plus ancienne, sans l'effacer entièrement, formèrent un mélange, où la prééminence appartenait tantôt à l'une et tantôt à l'autre des langues qui avaient fourni les élémens; mais bientôt le latin l'emporta.

Dans le Midi, le Celte devait être imprégné d'une grande quantité de mots grecs; dans le Nord, il devait avoir beaucoup de locutions tudesques.

La pronciation, si variée dans nos provinces par ses articulations et ses inflexions, ne l'était certainement pas moins dans l'antiquité et dans les premiers siècles de l'ère chrétienne. La différence dans la manière de prononcer le mot *Scibboleth*, chez les Juifs, qui avaient une même langue, est connue de tout le monde; elle était énorme chez les Romains pour les voyelles, pour les consonnes, pour les élisions, les additions et les abréviations, ainsi que l'a démontré Bonamy, dans des Réflexions qu'on lit avec intérêt (*Mémoires de l'Académie des Inscriptions*).

Les Visigots, en s'emparant des Espagnes, de la Gaule-Narbonnaise, et des provinces limitrophes; les Bourguignons, en envahissant la première Lyonnaise et la Viennaise; les Normands, en se rendant maîtres de la Neustrie; les Francs enfin, par leurs conquêtes dans la Belgique, dans la Sénonaise et les pays voisins, y portèrent leur barbare jargon, avec lequel ils achevèrent de corrompre le latin, déjà si abâtardi par tant d'autres causes. Toutefois, ces langues disparurent à la fin de la seconde race, et ne laissèrent de leur court passage que des vestiges imperceptibles; des savans ont prétendu que dans la langue française on trouvait à peine la trentième partie de celtique, et beaucoup moins de tudesque.

Les Arabes d'Afrique vinrent encore superposer une couche d'orientalisme sur la langue des provinces méridionales, formée du latin principalement, et après, du celtique, du goth, du grec et de quelques locutions hébraïques.

Dès 593, on observe que la langue latine était fort corrompue dans la bouche du peuple. Qu'y a-t-il d'étonnant? Le peuple n'avait jamais bien su le latin, puisqu'il l'avait appris sans règles, sans principes, par la conversation avec des marchands, des artisans, des esclaves et des soldats romains. Ce qu'il en savait, reçut une foule de secousses et d'ébranlemens par les transmigrations des peuples, par le voisinage, par le commerce, par les guerres de Charlemagne et de ses descendans, et définitivement par les croisades.

Le clergé lui-même se ressentit, dans son langage, de la corruption générale, il s'éloigna des lettres humaines par une espèce d'insouciance pour elles, que favorisa le pape St-Grégoire Ier, au dire de l'abbé Fleury (*Hist. ecclésiast.*, tome VIII, page 203). En 745, l'oubli de la langue latine était si notoire, qu'on porta au pape Zacharie la question de savoir si un prêtre qui avait, en baptisant, employé la formule *baptiso te in nominepatria, et filia, et spiritua sancta*, avait donné un baptême réel? Le pontife répondit affirmativement, parce que le prêtre avait agi *par ignorance de la langue latine.* (Fleury, Hist. ecclésiast., tome IX, page 327.)

Il s'ensuivrait, d'après ce que nous venons de dire, que la langue française aurait mis dans sa première formation le long intervalle depuis le septième siècle jusqu'au douzième, et qu'il *faut regarder la langue latine comme sa langue matrice*, ce sont les expressions de l'Académicien Bonamy. Cependant il faut reconnaître avec lui que nous avons quelques mots et des locutions qui peuvent venir soit du celtique, soit du tudesque, parce qu'il n'est pas possible qu'une nation qui quitte son ancien langage n'en retienne beaucoup de mots et n'en conserve, en plusieurs occasions, les expressions et le génie, de sorte qu'en adoptant les mots d'une nouvelle langue, elle ne les emploie pas toujours d'une manière conforme à la grammaire du nouveau langage. (*Mémoires de l'Académie des Inscriptions, tome XXIV, page* 635.)

Si la langue *romaine rustique*, ainsi appelée suivant Ducange, à cause de la négligence des règles de la grammaire et de l'emploi de quantité de mots barbares, (*ità nempe rusticam appellabant quia latinitatis legibus absona esset prorsùs*, *et barbaris potissimum aspersa vocabulis*), si dis-je, cette langue est la mère de la langue française, elle ne l'est pas moins de l'espagnol, de l'italien et de la langue d'oc, car ces langues *sont sœurs,* ainsi que parle La Curne de Sainte-Palaye. J'irai plus loin, et j'oserai assurer, sous les auspices de l'*Histoire ecclésiastique*, que leur formation remonte à la même époque.

En 799, Élipand de Tolède écrit une lettre à Félix d'Urgel, remarquable par la barbarie du style dont le *latin est si corrompu que l'on y voit le commencement de l'espagnol vulgaire* (tome X, page 267).

En 851, les Chrétiens-Espagnols gardaient leurs mœurs, leur

langue, qui était un latin corrompu, et leurs noms, partie goths, partie romains. (tome X, page 511).

En 994, au Concile de Rome, Aymon, évêque de Verdun, se leva et parla en *gaulois*, c'est-à-dire, comme je crois, en *roman ou latin vulgaire, d'où notre langue est venue.* (Tome XII, page 296.)

En 1047, Halynard de Lyon prenait l'accent de toutes les nations qui usaient de la langue latine, comme s'il eût été né dans le pays même, c'est-à-dire, comme je le crois, *il parlait bien l'italien, le français et les autres langues vulgaires, qui commençaient dès lors à se former de la corruption du latin.* (Tome XII, page 550.)

Ce qui se passa au commencement du IXe siècle dans trois conciles, suivis d'un capitulaire de Charlemagne, prouve deux choses :

La première, que la langue romane et la langue tudesque ou le thiois étaient distinctes ;

La seconde, que ces deux langues devaient avoir acquis une certaine perfection, puisqu'il est ordonné au clergé de s'en servir dans les instructions religieuses.

Voyons maintenant ces conciles en suivant l'ordre chronologique.

Le concile de Mayence, tenu le 9 juin 813, sous le pontificat de Léon III et sous le règne de Charlemagne, porte, canon XXV : Que les évêques commettront quelqu'un en leur place pour prêcher, quand ils ne pourront pas s'acquitter eux-mêmes de ce devoir, pour cause d'absence ou de maladie, et que les instructions se feront de telle sorte que le vulgaire puisse les comprendre, c'est-à-dire en langue du pays. *De officio prædicationis, si fortè episcopus non fuerit in domo suâ, aut infirmus est, aut aliâ aliquâ causâ exigente non valuerit, nunquàm tamen desit diebus dominicis, aut festivitatibus, qui verbum Dei prædicet, juxtà quod intelligere vulgus possit.* (Sacro-sancta Concilia. Labbe, tom. VII. col. 1249.)

Le Concile de Reims, tenu à la mi-mai de la même année, porte, canon XV : Que les évêques s'attacheront à prêcher les sermons et les homélies des Pères d'après la propriété de la langue, selon que tous les pourront comprendre. *Ut episcopi sermones et homilias sanctorum patrum, prout omnes intelligere possint, secundum proprietatem linguæ predicare studeant.*) Sacro-sancta Concilia. Labbe, tom. VII, col. 1256.)

Voilà certainement la prédication recommandée en langues vulgaires, en langues entendues du peuple, autres que le latin ; mais dans quelles langues ? Poursuivons.

Le troisième concile de Tours, tenu également en 813, s'exprime ainsi, canon VII : *Visum est unanimitati nostræ, ut quilibet episcopus habeat homilias continentes necessarias admonitiones, quibus subjecti erudiantur, id est de fide catholicâ, prout capere possint, de perpetuâ retributione bonorum, et æternâ damnatione malorum; de resurrectione quoque futurâ, et ultimo judicio, et quibus operibus possit promereri beata vita, quibusve excludi. Et ut easdem homilias quisque apertè transferre studeat in rusticam romanam linguam, aut theotiscam, quo faciliùs cuncti possint intelligere quæ dicuntur.* (Sacro-sancta Concilia. Labbe, tom. VII, col. 1263.)

Je rapporte ce canon tout entier, à cause de son importance, parce qu'on n'en a ordinairement rapporté que des fragmens, et parce qu'il fut textuellement adopté par le concile de Mayence en 847.

Je me souviens parfaitement que l'autorité de ces conciles a déjà été invoquée, quoique peut-être dans un sens opposé, à une de vos séances précédentes. Que m'importe? Les conciles sont pour moi, j'ai le droit de les reproduire, et j'en use sans détour.

L'abbé Fleury traduit ainsi le canon XVII du concile de Tours : « Chaque évêque aura des homélies contenant les instructions » nécessaires pour son troupeau, et prendra soin de les traduire » clairement en langue *romaine rustique*, ou en langue *tudesque*, » afin que tout le monde les puisse entendre. » Et il ajoute : « C'é- » taient les deux langues qui avaient cours en France. La pre- » mière était celle des anciens habitans Gaulois Romains, c'est-à » dire le latin, déjà fort corrompu, d'où est enfin venu notre » français. L'autre était la langue des Francs et des autres peuples » germaniques qui étaient alors répandus dans l'empire français ; » et cette langue est demeurée au-delà du Rhin. Au reste, ce » canon fait voir que dès lors le peuple n'entendait plus le » latin. » *Histoire Ecclésiastique, t. X, p.* 150, 151.

Le capitulaire XIV de l'empereur Charlemagne, en date du mois de septembre 813, est ainsi conçu : *de officio prædicationis, ut juxta quod bene vulgaris populus intelligere possit, assiduè fiat.* Capit. Reg. Francorum, édition de 1780, tom. 1er, col. 503.) Il est postérieur aux conciles de Mayence, de Reims et de Tours, mais ces conciles ne s'étaient expliqués si formellement que parce que l'empereur l'avait exigé. Baluze, dans ses notes sur ce capitulaire, pour en donner une plus exacte intelligence, cite le canon XVII du concile de Tours. (Tom. 2, col. 1074.)

En 847 il se tint à Mayence un autre concile dans le monastère de Saint-Alban; le canon II renouvelle le XVIIe canon du concile de Tours. « Chaque évêque aura des homélies pour l'instruction » du peuple, et les fera traduire en *langue romaine rustique* et en » *tudesque*, afin que tous puissent les entendre.» *Ut easdem homilias quisque aperte transferre studeat in rusticam romanam linguam, aut theotiscam, quo facilius cuncti possint intelligere quæ dicuntur.* (Sacro-sancta Concilia. Labbe, tom. VIII, fol. 42.) C'était, dit à ce sujet l'abbé Fleury, les deux langues vulgaires de tout l'empire français. *Hist. Ecclésiastique, tom. X, page* 468.

Ainsi, dans le neuvième siècle, la langue romane était déjà la langue vulgaire des provinces qui composent aujourd'hui le royaume de France, et le thiois ou langue tudesque était usité dans les limites des états qui ont formé jusqu'à nos jours l'empire germanique. Cette langue romane a varié depuis, suivant les pays, mais elle est constamment reconnue pour la mère de la langue que nous parlons. C'est l'opinion du président Fauchet, si exercé dans ces matières, de Valois, de Du Chesne, de dom Mabillon, Nicolas Vignier, l'abbé Millot, de Baluze, de Sirmond, de dom Rivet, de Roquefort, de Gibbon, qui cite avec approbation l'autorité de Bonamy (*Mémoires* de l'académie des Inscriptions, tom. XXIV.) « Cet écrivain a prouvé, dit-il, l'existence de la *lingua romana rustica*, qui fut l'origine de la langue » romane, et a été insensiblement portée à l'état de perfection » où est aujourd'hui la langue française. Sous la race Carlovin- » gienne, les princes et les nobles de France comprenaient en- » core l'ancien dialecte de leurs ancêtres.» (Gibbon, Histoire de la décadence de l'empire romain. Traduction de M. Guizot, chap. XXXVIII, tome VII, page 83.)

Suivant l'académicien Bonamy, Luitprand, évêque de Pavie, est le premier qui ait reconnu que la langue parlée par les Français des Gaules venait de la langue des Romains.) Réflexions, etc., page 607.)

Ce passage de Luitprand se trouve dans la préface de Ducange, en ces termes : *Romani etiam qui in Galliis habitabant, ita ut nec reliquiæ ibi inveniantur, exterminati sunt. Videtur mihi indè Francos, qui in Galliis morantur, à Romanis linguam eorum, quâ usque hodie utuntur, accommodasse. Nam alii, qui circà Rhenum ac in Germaniâ remanserunt, Teutonicâ linguâ utuntur. Quæ autem lingua eis ante naturalis fuerit ignoratur.* (Lib. IV, cap 21.)

Je me hâte de me renfermer dans le cercle qui m'est tracé. Le XIe et le XIIe siècles, si féconds en hommes remarquables dans tous les genres d'illustration, en grands événemens, ne brillent pas par la pureté du langage. A compter de Sylvestre II (Gerbert), cet illustre auvergnat dont je ne prononce le nom qu'avec respect et admiration, jusqu'à Innocent III qui ferme le XIIe siècle, on trouve un grand nombre de papes qui ont étonné le monde par la sublimité et l'étendue de leur génie et qui édifient toujours l'église par l'éclat de leurs vertus; Léon IX, Alexandre II, Grégoire VII, Urbain II, Eugène III, Alexandre III, Célestin III, et quelques autres. C'est dans ces deux siècles qu'ont été bâties la plupart de ces magnifiques cathédrales qui font encore l'ornement de notre patrie. C'est dans ces deux siècles que Guillaume le Bâtard sortit de la Normandie pour conquérir l'Angleterre, et y porta les mœurs et la langue des Français; que Robert Guiscard, autre Normand, fonda le royaume de Naples; que les démêlés du sacerdoce et de l'empire, au sujet des investitures, enfantèrent des horreurs et inondèrent l'Europe de sang. C'est enfin dans ces deux siècles que commencèrent les croisades, où l'Occident tout entier se rua sur l'Asie, y étala effrontément le scandale de ses débauches, de son fanatisme, de ses cruautés, et n'en rapporta, pour unique avantage, qu'un peu de civilisation et un peu de goût. Le clergé était en proie à l'incontinence et à la simonie. Le démon de la rapacité, de la violence, de la guerre, de l'ignorance, des duels, des épreuves de toute espèce, du libertinage, de la dissolution, et de tous les vices dominait en souverain sur la masse des citoyens et la rongeait jusqu'à la moëlle des os.

Quant à la *langue*, qui, comme on vient de le dire dans une superbe *préface, est la forme apparente et visible de l'esprit d'un peuple,* elle avait le caractère des hommes qui la parlaient. Ce n'était pas assurément celui de la naïveté, cette qualité suppose des vertus, elle est l'équivalent de l'innocence, de la candeur, et il n'y en avait point alors. C'était du latin, mais du latin corrompu ; elle s'était trop éloignée du point du départ pour en avoir conservé la vive et complète représentation. C'était encore un mélange, avec le latin qui en faisait le fond, de tudesque, de celtique, de grec, d'arabe, d'hébreu; c'était, pour me servir d'une expression de Bossuet, *un je ne sais quoi, qui n'avait plus de nom.* On savait par tradition que ces langues avaient passé par là, qu'elles y avaient laissé des traces ; mais on avait de la peine à les reconnaître, tant elles s'étaient effacées à force de corruption. Si Grégoire VII avait réussi dans ses tentatives de réformation et dans ses projets de tout ramener aux antiques usages des Romains, il y a grande apparence que le français se fût retrempé dans sa source primitive, et qu'on eût pu dire de ces écrivains ce que Boileau a dit de Ronsard : *Art poétique, chant* 1er.

Ronsard, qui le suivit, par une autre méthode,
Réglant tout, brouilla tout, fit un art à sa mode,
Et toutefois long-temps eut un heureux destin.
Mais sa muse, en français, parlant grec et latin,
Vit dans l'âge suivant, par un retour grotesque,
Tomber de ses grands mots le faste pédantesque.

Le peuple, qui n'était pour rien dans tous les efforts de l'auguste pontife, continua de marcher, et fit si bien, qu'en défigurant du latin, il composa une langue à part. Sans doute cette langue ne pouvait nier sa descendance, pas plus que les autres langues modernes de l'Europe; la physionomie de la mère se retrouvait quelque peu dans celle de la fille; toutefois elles avaient d'abord et continuèrent d'avoir de plus en plus une allure différente.

Les grammairiens, qui croient donner des règles au langage, n'ont fait et ne feront jamais que constater son état actuel, au moment où ils écrivent. Ils nous parlent du balbutiement de la langue française dans son enfance, de la gaillardise qu'elle a montrée dans sa jeunesse, des formes sévères dont elle est entourée dans son âge mûr. C'est bien à peu près cela, mais ce n'est pas tout, il faut l'étudier dans ces belles collections que l'on publie depuis quelques années, pour la connaître dans toutes ses phases, jusqu'au temps présent. Redisons-le sans cesse : si avant le XIe siècle la langue française avait atteint le plus haut période de sa perfection, elle aurait dégénéré par la dissolution des mœurs et les profondes ténèbres qui régnaient à cette époque. Que pouvait-elle acquérir dans l'état de faiblesse où elle était?

Les orateurs chrétiens du XIe et du XIIe siècle ont, comme vous pouvez le penser, attiré mon attention principale, et c'est de leurs discours que je m'occuperai spécialement, d'autant plus que ce sont les écrivains qui ont le mieux manié leur langue. Parmi les religieux et les prélats qui ont occupé la chaire évangélique dans cette période, l'opinion publique distingua Halinard de Lyon, Guillaume de Champeaux, saint Norbert, saint Vital de Savigny, Gérard d'Angoulême, Robert d'Arbrissel, Hugues de saint Victor, saint Bernard, Nicolas de Clairveaux, Foulques de Neuilly-sur-Marne, Pierre Lombard et Maurice de Sully, ces deux derniers évêques de Paris.

J'ai cherché vainement les sermons de ces prédicateurs, si fameux de leur temps ; je n'ai pu trouver que le manuscrit de ceux de Maurice de Sully et celui de saint Bernard, dont j'avais déjà fait usage, il y aura bientôt deux ans. Je sais cependant qu'il existe des sermons français de Pierre Lombard, mais jusqu'à présent il m'a été impossible de les voir, malgré toutes les perquisitions que j'ai faites.

Saint Bernard (1), abbé de Clairvaux de 1115 à 1153, a prêché pendant plus d'un quart de siècle dans toutes les contrées du royaume, et partout il a excité l'admiration la plus unanime. Les villes principales, Paris, Reims, Châlons, Troyes, Langres, Dijon, Sens, Lyon, Toulouse ont retenti tour à tour de sa puissante voix et lui ont payé le juste tribut de leurs éloges. Les historiens de cet illustre cénobite ne manquent pas de relever son éloquence dans la langue vulgaire, dont il se servait en parlant au peuple. *Vulgari idiomate procul dubio utebatur*, dit dom Mabillon. Lui-même, après la prédication de la seconde croisade, écrivait à son ancien disciple le pape Eugène III : « Vous avez commandé, » j'ai obéi, et votre autorité a rendu mon obéissance féconde. » Les villes et les châteaux deviennent déserts, et l'on voit par- » tout des veuves dont les maris sont vivans. » En faut-il davantage pour exalter sa gloire? Dans son voyage d'Allemagne, il prêcha également en *langue romane* ; le moine Philippe le dit formellement dans le sixième livre des *Miracles de saint Bernard*, n° 15. *Romanâ linguâ utebatur;* et il y obtint le plus grand succès, soit qu'il fût entendu d'une grande partie de ses auditeurs, soit que le respect qu'on portait à ses vertus suppléât à l'intelligence de ses paroles. Au surplus, l'abbé Fleury rapporte dans son *Histoire ecclésiastique* d'autres exemples d'un pareil succès, malgré les mêmes obstacles.

En 1119, saint Norbert fit un sermon au peuple de Valenciennes, quoiqu'il sût encore fort peu de *français* ; et on ne laissa pas de l'écouter avec tant d'édification, qu'on le pressa de séjourner pour prendre un peu de repos. XIV, 286.

Encore que saint Vital, abbé de Savigny, prêchât en *roman* ou *français du temps*, ceux mêmes qui n'entendaient pas sa langue, étaient touchés de ses sermons. XIV, 290.

(1) Bérenger, dans son apologie d'Abailard, reproche à Saint-Bernard d'avoir fait dans sa jeunesse des *chansons badines* en langue vulgaire : *Audivimus à primis ferè adolescentiæ rudimentis, cantiunculas mimicas et urbanos modulos fictitasse.* (Opera Abaelardi, pag. 302.) De Roquefort-Flamericourt a tronqué ce passage dans son livre *de l'état de la Poésie Française, dans les XIIe et XIIIe siècles*. Paris, 1815, in-8°, page 209

Gérard, évêque d'Angoulème, était savant et éloquent dans les deux langues, c'est-à-dire en latin et en *français*, d'une grande réputation et d'un grand crédit à Rome, *où certainement sa facilité à parler français était peu comprise*. XIV, 418.

Les sermons de saint Bernard en langue originale, c'est-à-dire en français, au nombre de 44, sont encore inédits, à l'exception de deux que j'ai publiés, ainsi que je l'ai déjà dit. Dom Mabillon en a inséré un plus grand nombre en latin, dans ses deux éditions, ou de la traduction de saint Bernard, ou de celle de Nicolas, moine de Clairvaux, son secrétaire, dont l'abbé Fleury a dit : qu'il *écrivait des sermons qui passèrent pour être de saint Bernard, soit qu'il ne fît que traduire en latin ceux que le saint abbé avait prononcés en français, soit qu'il en composât de semblables; car il était plein des pensées de son maître, et savait parfaitement imiter son style*. XIV. 711.

Me pardonnerez-vous, Messieurs, si je rapporte quelques passages des sermons de saint Bernard, pour vous mettre à même de juger. En voici cinq très courts, avec le latin à la suite :

Adès est novel, ceu k'adès senovelet les cueurs. *Sermon* 6e.

Semper igitur novum, quod semper innovat mentes. Tom. 1er, col. 773.

Li hom, dist-il, lairat son peire et sa meire, et si *sahederat* à sa femme. *Sermon* 6e *pour la vigile de Noël*.

Relinquet, ait, homo patrem et matrem, et adhærebit uxori suæ. Ibid, col. 772.

Li naissemenz del soleil et li couchemenz, li planteiz de la terre et li chaingemenz des tens, sunt voirement miracle et grant miracle; mais tantes finies les avons veuz, ke auls nen est ke mais i praignet warde. 4e *sermon pour la vigile de Noël*.

Planè enim solis ortus et occasus, terræ fœcunditas, temporum vicissitudo, miracula sunt et magna miracula : sed toties hæc vidimus, ut jam non sit qui attendat. Ibid, col. 766.

Por Deu, chier friere, fuyez orgoil, et forment lo fuyez. Orgoilz est commencement de toz pechiez, ki si hisnelement abattit en parmenant... Lucifer, ki reluisoit plus kler ke tostes les éstoiles. ki un engle ne muat mies en diaule, mais me lo prince des Engles. 1er *sermon de l'Avent*.

Fugite superbiam, fratres mei, quæso, multum fugite. Initium omnis peccati superbia, quæ tam velociter ipsum quoque sideribus cunctis clarius micantem æternâ caligine obtenebravit Luciferum. Ibid, col. 718.

Certes molt est plus utles en la bataille li haberz qui de fer est, ke ne soit li vesture de lin. — 4ᵉ *Sermon pour le jour de Noël.*

Utilior siquidem in conflictu lorica ferrea, quàm stola linea. — *Ibid*, col. 784.

Maurice de Sully, 73ᵉ évêque de Paris, remplaça Pierre Lombard en 1164. Le clergé ne pouvant pas s'accorder sur l'élection d'un évêque, chargea Maurice de Sully, archidiacre, et deux autres prêtres, de faire cette élection. Maurice commença par s'assurer que ses deux collègues ne le démentiraient pas sur celui qu'il nommerait, et ensuite il parla ainsi : « Je ne » connais ni les consciences ni les intentions des autres, mais » je crois me connaître moi-même, et pouvoir me répondre » que si je prends le gouvernement de ce diocèse, je ne chercherai » et ne travaillerai, avec la grâce du Seigneur, qu'à le gouverner avec sagesse. Je me donne ma voix, l'élection est faite. » Maurice montra par la sagesse de son épiscopat qu'il n'en était pas indigne. En 1164, il commença de bâtir l'église métropolitaine depuis les fondemens, mais sur un plan qui avait plus de trois siècles d'antiquité. Son habileté et sa prudence lui firent trouver les sommes immenses qu'il lui fallait pour ce superbe édifice. On prétend qu'un usurier très riche, l'étant venu consulter sur l'emploi de ses gains illicites, l'évêque lui conseilla de les faire servir à la construction de Notre-Dame. L'usurier, inquiet de cette décision, en fit part à Pierre le Chantre, qui lui répondit : « Non, l'évêque pour cette fois ne vous a pas donné un bon avis. » Cherchez plutôt un crieur public ; faites annoncer par la ville » que vous êtes disposé à satisfaire quiconque aura été lésé par vos » exactions, et restituez tous les intérêts que vous en avez tirés au- » delà de l'argent prêté. » L'usurier obéit, restitua ce qu'il avait pris, et vint en rendre compte à Pierre qui lui dit : « Allez mainte- » nant, vous êtes en sûreté de conscience, et vos aumônes seront » bien placées. » *Abrégé chron. de l'Histoire ecclés.*, *t.* 2ᵉ, p. 376.

Cependant Maurice ne vit pas terminer l'église cathédrale ; ce soin était réservé à ses successeurs. Il mourut en 1196. Le *Pastoral* de Paris parle de ses sermons, et rapporte qu'il y en avait un *manuscrit* dans la bibliothèque de Saint-Victor ; c'est vraisemblablement celui qui est à la Bibliothèque Royale et qui m'a été communiqué. Le français de ce prélat est plus pur que celui de Saint-Bernard, décédé en 1153. Je n'en citerai qu'un fragment tiré du *Sermon pour l'Épiphanie.*

« Segnor, or oies ço que senefie li ors, et li encens, et » myrres, et si offrons spiritelement a Nostre-Segnor iço qu'il

» offrirent corporelement. Li ors qui resplent et qui reluist encontre le rai del soleil, senefie la bone creance qui reluist et » resplent el corage del bon crestien. Li ors enlumine lair par » sa resplendor, et la bone creance enlumine le cuer del buen » homme. Or offrons donques a Deu ors. Creons que li Peres, et » li fils et li sains-espris soit uns Deu poisains et perdurables. » Qui ceste creance a en Deu, si offre buen or. Li encens senefie » buene priere. Quar si comme la fumee de lencens quant il est » mis el feu, de lencensier monte amont vers le ciel et vers Deu ; » aussi monte a Deu la bone priere del cuer al crestien, quant ele » est faite por lamor Deu nomeement. En tele maniere poons nos » dire que li encens senefie le cuer de lome, et la fumee lamor de » Deu. Li myrres qui est espesce amere et par sa mertume deffent » les corsdes vers qui de lui sont enoint quil nel puiscent mal- » mettre, senefie la buene veure qui est amere a la malvaistie de » notre car. Li myrres senefie geuner, prier Deu, veillier, aler » em pelerinage, revisiter les poures et les malades, et fairetos » les biens que lon puet faire pour Deu. »

Ajoutez, messieurs, à ces morceaux des sermons de Saint-Bernard et de Maurice de Sully, le cri de guerre qui s'éleva en 1095 au concile de Clermont. Le pape Urbain II, né à Châtillon-sur-Marne, venait de prêcher, sur les maux de la Terre-Sainte, un sermon que nous n'avons plus qu'en latin, quoique je croie qu'il a été prononcé en français, parce que le pape était Français et que son auditoire était en grande partie composé de Français, lorsque les assistans, touchés jusqu'aux larmes, s'écrièrent d'une voix unanime : *Deus lo volt*, *Deus lo volt*, Dieu le veut. Souvenez-vous aussi de la prononciation vicieuse du latin dans les campagnes de la Bretagne, par laquelle un gentilhomme nommé *Eon de l'Étoile* fut induit à se dire le Christ, juge des vivans et des morts, en entendant cette conclusion des exorcismes : *Per eum qui venturus est judicare vivos et mortuos*; erreur qui fut si sévèrement punie en 1148, au concile de Reims.

A ces traits ajoutez encore celui que raconte Fleury sous l'année 1178. « Deux chefs Albigeois parlaient la langue du pays que » le petit peuple y parle encore et que nous appelons gascone, au » lieu que les légats et les autres prélats pour la plupart parlaient » français; mais ces hérétiques ne savaient pas le latin, ce qui » parut en ce que l'un d'eux l'ayant voulu parler put à peine dire » deux mots de suite, et demeura court; en sorte que pour s'accommoder à leur ignorance, il fallut parler en langue vulgaire » des mystères de la religion, ce qui paraissait absurde; car nos

» langues vulgaires venues du latin étaient encore si imparfaites, » qu'à peine osait-on les écrire, ou les employer en matières » sérieuses. » (*T.* XV, *p.* 451.) Examinez, réfléchissez, et il vous sera facile de déterminer le caractère du jargon méprisable que l'on parlait à cette triste époque.

La *littérature romane*, riche sans doute en écrits de tout genre, mais pour laquelle on montre peut-être trop d'engouement, se compose de quelques traductions barbares, de quelques légendes, de poëmes, de sirventes, de tensons, de lais ou lays, de chansons, de fabliaux, d'histoires, que sais-je, de romans, aussi vides de pensées qu'ils sont incultes, ou, comme parle M. Raynouard, *remarquables par la rudesse du style* (1). Cependant les hommes les plus renommés dans ces deux siècles, Saint-Abbon de Fleury, Aimoin de Saint-Germain-des-Prés, Aimoin de Fleury, Fulbert, Jean de Sarisbéry, Ives, tous trois évêques de Chartres, Adémar, Oderan, Glaber de Cluni, Saint-Odon, Saint-Hugues, Saint-Odilon, Saint-Robert de la Chaize-Dieu, Marbode de Rennes, mort en 1123, dont le traité des *Pierres précieuses* fut traduit vers cette époque, Saint-Étienne de Thiers, Saint-Bruno, Lanfranc, Saint-Anselme, Saint-Robert de Molême, Sigebert de Gemblours, Oudard de Cambrai, Saint-Godefroi, Guibert de Nogent, Alger de Cluni, Hildebert du Mans, Hugues de Saint-Victor, le vénérable Guigues, le subtil Abailard, la tendre Héloïse, Gilbert de la Porrée, Pierre-le-Vénérable, l'abbé Suger, Pierre Comestor, etc., ne nous ont transmis que des ouvrages latins, et quel latin !... quoiqu'ils parlassent la langue que tout le monde parlait et entendait. Les prédicateurs eux-mêmes n'ont pas jugé à propos de conserver les discours qu'ils avaient prononcés dans la langue vulgaire, tant ils la regardaient comme imparfaite; ils les ont traduits en latin.

Nous avons toutefois les *lois* rédigées par ordre de Guillaume-le-Conquérant en langage du temps, et plusieurs autres pièces écrites en Angleterre vers la même époque, qu'il n'entre pas dans mon intention d'énumérer. Je me bornerai à transcrire l'article 38 des lois (2).

(1) Parmi les savans qui se sont le plus distingués dans la publication des ouvrages en langue romane, on remarque Fauchet, Le Vignier, Le Grand d'Aussy, Barbazan, Lacravallière, Méon, Pluquet, l'abbé de Larue, Raynouard, Auguis, Paulin Paris, Monmerqué, Francisque Michel, de Caumont, Crapelet, de Roquefort-Flaméricourt, Achille Jubinal, Prompsault, Champollion-Figeac, G. Peignot, Amanton, Hérisson et quelques autres.

(2) Les lois et les coutumes de Guillaume-le-Conquérant forment 2 vol. in-4°. Il fit traduire aussi des prières et le Psautier en français.

«Si home enpuisuned altre, séit occis, u permanablement essillé: jo jettai vos choses por cause de mort, et de ço, ne me poez emplaider; car leist a faire damage a altre, pur pour de mort; quant par ele ne pot eschaper.»

Il est évident que dans cet article il n'y a aucun mot qui ne soit pris dans la langue latine, et qui ne puisse être exactement rendu par une expression du français actuel.

« Sous le règne de Henri Ier, roi d'Angleterre, dit Lingard, les riches et les grands ne connaissaient d'autre langage que le leur, le franco-normand, qui, depuis la conquête, s'était introduit à la cour du prince et dans les salles des barons, et qui était parlé par tous ceux qui aspiraient aux places et au pouvoir........ Les narrations des poètes franco-normands sont basses, prosaïques et interminables; leurs auteurs semblent n'avoir connu d'autre beauté que le tintement de la rime, n'avoir eu d'autre but que de filer une histoire aussi long-temps qu'il leur était possible...... On adopta une nouvelle façon d'écrire (par la composition des poèmes d'Arthur, de Charlemagne et d'Alexandrie, qui parurent alors), une sorte de langue nouvelle, qui régna pendant plusieurs siècles; elle fut connue sous le nom de *romance*, parce qu'elle provenait originairement de l'idiome gaulois, idiome corrompu de l'ancien langage de Rome. »

« Pour leur instruction et leur règle (des présidens et des principaux assesseurs de la cour du roi), les statuts des rois anglo-saxons avaient été traduits en normand; et lorsque les juges ne connaissaient que cette seule langue, il était nécessaire que les plaidoyers se fissent dans cet idiome. Devant les tribunaux inférieurs, beaucoup d'affaires étaient nécessairement discutées dans le langage du peuple; mais à la cour du roi, dont la haute dignité, dont l'autorité suprême attiraient successivement toutes les causes importantes, les plaidoyers se faisaient et les jugemens se rendaient en normand. Si l'on ajoute à cela que toutes les personnes qui avaient de l'influence et de la clientelle étaient étrangères, on ne sera pas surpris que l'étude de ce langage devint une branche nécessaire de l'éducation; et tous ceux qui avaient l'espoir de procurer de l'avancement à leurs enfans, soit dans l'église, soit dans

L'Oraison Dominicale s'y trouve de cette manière :

« Li Nostre Pere qui ies es ciels, saintefiez seit li tuens nums avienget li tuus regnes, » seit feit la tue voluntet si cum en ciel en la terre, et nostre pain cotidian dun à » nus oi et pardune à nus les noz dètes, eissi cum nus pardununs à nos deturs, ne nus » meine en temtatiun, mais delivre nus de mal. Amen. »

les fonctions civiles, eussent soin de leur faire donner une connaissance si nécessaire (1). »

Les troubadours ne parurent qu'après la prise de Jérusalem par les croisés, c'est-à-dire au commencement du XIIe siècle. Les grandes commotions produites par les guerres d'outre-mer se faisaient sentir dans tous les esprits. Les souvenirs de la patrie d'Homère produisirent des effets enchanteurs et réveillèrent le bon goût. On emboucha la trompette héroïque pour chanter les combats dans lesquels on avait fait preuve de vaillance. L'air de la voluptueuse Asie avait puissamment agi sur les sens, et on exprima avec enthousiasme tous les transports de l'amour. La haine de l'islamisme enflammait tous les cœurs, et on se rendit les organes du fanatisme. On ne pouvait se défendre d'un sentiment d'horreur à la vue des monstruosités de tout genre dont on avait incessamment le spectacle sous les yeux; et on devenait misantrope, on gourmandait les vices avec une excessive amertume. Enfin la contemplation d'une nouvelle terre et de nouveaux cieux porta les poètes à des méditations plus élevées et à traiter des sujets plus philosophiques.

Les efforts de la pensée pour rompre ses entraves polirent le style, et la langue y gagna quand les idées s'agrandirent. Il est impossible que celui qui pense noblement ne s'exprime pas de même. Aussi le *roman* commença-t-il dès lors à se dégager des langes dont il était enveloppé, à montrer la vigueur de ses muscles, et à faire présager quelle serait un jour son énergie.

Faut-il, Messieurs, vous donner des exemples des divers genres dont j'ai parlé tout-à-l'heure? Je le veux bien et je finis.

Guillaume IX, comte de Poitou, appelé le *Trompeur des dames*, mort en 1122, passe, peut-être à tort, pour le plus ancien des troubadours. Les lois de la décence me défendent de le citer, quoiqu'il ait composé des pièces moins obscènes que celles qui ont fait sa réputation.

Bernard de Ventadour, mort après 1194, dont l'auteur de l'*Histoire littéraire des troubadours* vante la grande clarté du

(1) Ingulf 71, 88. Il a attribué la préférence que les Normands donnaient à leur propre langue, à leur haine pour les Anglais. *Ipsum etiam idioma tantum abhorrebant, quod leges terræ, statutaque anglicorum regum linguâ gallicâ tractarentur et pueris etiam in scholis principia litterarum grammatica gallica et non anglicé traderentur*. Page 71. Leur ignorance de la langue anglaise me paraît une bien meilleure raison; mais je ne suis point porté à croire, avec Holkot, que le roi nourrissait l'idée absurde d'abolir la langue anglaise. *Ead. Spicil.* 189. (Hist. d'Angleterre, par le docteur J. Lingard, traduite par le baron de Roujoux, tome 2e, page 89, seconde édition.)

style, me semble mériter cet éloge. Il dit, dans un endroit, que *les bonnes pensées naissent toutes du cœur* (ne croirait-on pas entendre Vauvenargues?); et ailleurs il exhorte à la persévérance par l'image de l'eau, qui, tombant goutte à goutte sur la pierre, vient à bout de la percer.

Je n'en dirai pas autant de Richard Cœur-de-Lion, tué au siége de Chalus, en 1199.

Il écrivait au dauphin d'Auvergne, Guillaume VIII, si fameux par ses démêlés avec l'évêque de Clermont :

Encor vos voill demandier
D'Ussoire s'il vos siet bon,
Ni si 'n prendretz venjeison
Ni logaretz soudadier.
Mais une rien vos outroi,
Si beus faussates la loi,
Bon guerrier à l'estendart
Trovaretz le roi Richart.

— « Je voudrais vous demander encore s'il vous convient d'oublier Issoire, si vous en tirerez vengeance et si vous lèverez des soldats pour cela. Mais je vous assure une chose : si vous faussâtes la loi, vous trouverez le roi Richard, bon guerrier sous le drapeau. »

Le dauphin répondit sur le même ton :

Seignor valens et honratz,
Que mavetz donat aillor,
Si no sembles camiador
Ves vos meu fora tornatz.
Mas nostre reis de saison
Rend Ussoir' e lais 'Usson,
E'l cobrar es me mot lieus,
Qu'ien n'ai sai agut sos brieus.

« Seigneur vaillant et honoré, qui m'avez fait autrefois du bien, si vous ne m'aviez paru changé, je me serais tourné vers vous. Mais notre roi, suivant le temps, prend Issoire et laisse Usson; je ne me mets point en peine de les recouvrer, que je n'aie reçu de ses lettres. »

Laissons parler maintenant Étienne de Langton, archevêque de Cantorbery depuis 1206 jusqu'à 1228, célèbre prédicateur.

Bele Aliz matin leva
Sun cors vesti et para,
Enz un vergier s'en entra
Cink flourettes y' truva;

Un chapelet fet en a
De bel rose flurie
Pur Deu trahez vus en là,
Vus ki ne amez mie.

L'orateur applique mystiquement chaque vers à la mère du sauveur, et la tournure allégorique qu'il donne à cette stance est généralement ingénieuse, suivant Roquefort-Flaméricourt : *De la poésie*.... 243, 244, 245.

Couplet d'une chanson composée par Foulques, de Marseille, depuis évêque de Toulouse en 1194, après la bataille de d'Alarcos, pour réchauffer le zèle des chrétiens contre les Maures. (Dans les *Poëtes français* de M. Auguis, tom. 1er, pag. 75.)

Cor sivulz pot n'aver bo,
D'aitans poira s'en garnier,
Que l'als pot Diens totz complir
E nostre rei d'Arago;
Qu'ien no cre saubes fallir
A nul quei an ab bon cor e valen,
Tant pauc vezens que falh a l'autra gen,
No den ges far a Dieu pejurazo,
Que l'onrara si l serv ouradamen;
Qu'oyan si s vol n'er coronat sa jos
O sus et cel; uns no l falh d'aquest dos.

Après cette chanson, comme après beaucoup d'autres du même temps, on pourrait mettre la rude critique que l'on mit, au XIVe siècle, à la fin d'une satire de Pierre d'Auvergne : « Il chante comme une grenouille dans un marais, et va partout se vantant qu'il est le maître de tous les autres. Il faudrait quelqu'un pour expliquer ses vers; car il n'y a plus personne qui les puisse entendre. »

Passage des Poésies (lib. *de creaturis*, publié en 1107) de Philippe-de-Thau, trouvère anglo-normand du XIIe siècle, publié par de Roquefort-Flaméricourt.

Al besuin est touved
L'ami e epruved.
Unches ne fud ami,
Qui al buising failli.
Pur cel di ne targez
Mès ma raison oiez :
Preï vus de l'esculter,
E puis de l'amender.

« C'est dans l'adversité qu'on apprend à connaître ses véritables amis. Celui qui nous abandonne dans le malheur n'est pas digne de ce nom ; encore un instant, et daignez m'écouter. Après m'avoir entendu, vous réfléchirez sans doute, et vous m'approuverez. »

Ici je suis forcé de l'avouer, lorsque j'ai lu certains ouvrages composés par les trouvères du Nord, surtout dans le XII$_e$ siècle, toutes mes idées sur l'égalité des deux langues ont été renversées. J'ai cru apercevoir dans le *Roman d'Oil* peut-être moins de force, moins de moelleux; mais aussi plus de netteté, plus de précision, plus de clarté, plus de ce fini qui caractérise la langue française dans sa perfection, que dans le *Roman d'Oc*. La comparaison que j'en ai faite avec les ouvrages des troubadours du Midi ne m'a pas fait revenir de mon erreur, si c'en est une. Il m'a semblé que la séparation entre les deux langues allait être consommée.

Vous voyez maintenant, Messieurs, quel est le caractère de la langue française au XIe et au XIIe siècle. Ce n'était plus du latin, mais ce n'était point encore du français. C'était le passage de l'un à l'autre. C'était le point du crépuscule avant-coureur de la lumière, si bien décrit par l'admirable vers du bon La Fontaine.

Lorsque, n'étant plus nuit, il n'est pas encor jour.

www.ingramcontent.com/pod-product-compliance
Lightning Source LLC
LaVergne TN
LVHW010220230826
846091LV00008BB/3595

* 9 7 8 2 0 1 3 5 8 8 2 4 9 *